CYPRIAN NORWID

POEMS

Translated from the Polish by Danuta Borchardt
in collaboration with Agata Brajerska-Mazur

archipelago books

Archipelago Books
232 3rd Street #A111
Brooklyn, NY 11215
www.archipelagobooks.org

Library of Congress Cataloging-in-Publication Data
Norwid, Cyprian, 1821–1883.
[Poems. English. Selections]
Poems / Cyprian Norwid ; translated from the Polish by
Danuta Borchardt. – 1st Archipelago Books ed.
p. cm.
ISBN 978-1-935744-07-8 (alk. paper)
I. Borchardt, Danuta, 1930–   II. Title.
PG7158.N57A2 2011
891.8'516—dc23   2011032924

Distributed by Consortium Book Sales and Distribution
www.cbsd.com

Cover art: Leonardo da Vinci
Cover design by David Bullen

Borchardt's translations of "Larva," "The Sphinx," and Nerves" first appeared in
Green Integer Review; "Mysticism," "Ideas and Truth," "The Past," "To Bem's Memory:
A Funeral Rhapsody," and an excerpt from "To Citizen John Brown" in *The Polish
Review*; "The Last Despotism" in *Salmagundi*; and "Obscurity," "Marionettes,"
"In Verona," "Autumn," "Vade-mecum," and "Fatum," in *The Dirty Goat*.

The publication of *Poems* was made possible with support from
Lannan Foundation, the National Endowment for the Arts,
and the New York State Council on the Arts, a state agency.

This publication has been subsidized by the Book Institute –
the © POLAND Translation Program.

Cyprian Norwid was born in 1821 in an occupied Poland divided since the late eighteenth century between Russia, Prussia, and Austria, and it remained divided until the beginning of the twentieth century. During what is known as "the Partitions of Poland," the occupying powers censored any writing in the Polish language. In order to create their works, Polish writers, poets (such as Adam Mickiewicz and Juliusz Słowacki, among others), and artists (Frédéric Chopin among them) chose exile. It was a great national as well as personal tragedy. Norwid chose to live mostly in Paris but also traveled to Greece, Italy, London, and New York. Besides being a poet, he was also a visual artist and an accomplished draftsman – indeed, for a brief time, he succeeded in earning a living as a draftsman in New York. He died in 1883, in poverty, in a Polish hospice in Paris.

Norwid's work belongs to late Romanticism. However, he was so original that scholars cannot pigeonhole his work into any specific literary period. He was poorly understood during his life and accused of being obscure and overly cerebral. His Catholic upbringing greatly influenced his thinking, as did his knowledge of Greek and Roman classics. His ideas were that of a man deeply distressed by and disappointed in mankind, yet hopeful of its eventual redemption.

With his syntax and punctuation, Norwid departed from established forms. Although he did not create true neologisms, he changed words somewhat but left them in recognizable form; he also hyphenated words, which is unusual in the Polish language. Most of his poems are rhymed, although some are precursors of free verse in Polish poetry.

When Poland regained her freedom in 1918, Norwid was recognized by the Young Poland literati as an outstanding poet. His major works, including "Vade-mecum," "Promethidion," and the novella "Ad Leones," were rediscovered. Besides these, Norwid is the author of "Quidam," "Assunta," and other epic poems, as well as many shorter poems, plays, short stories, essays, and letters. During his lifetime, Norwid published only two volumes of poetry, in Leipzig, in 1863 and 1866. The rest were published posthumously.

In "Ten Commandments for the Translation of the Works of Cyprian Norwid" (*The Polish Review*, 2008), Norwid scholar Agata Brajerska-Mazur writes: "Norwid might well be one of the world's writers whose language is described in specialist dictionaries and whose works and thoughts have been and still are being researched by scholars."

The first part of this volume contains selected poems from "Vade-mecum," written in 1865 and 1866. I have kept Norwid's original order and the Roman numerals, which scholars continue to include. The remaining poems are presented in chronological order too, some written before "Vade-mecum," some later.

I have provided a few notes at the end of this book to illuminate how certain poems reflected events in Norwid's life.

What first struck me about Norwid's poetry was his arrangement of words on the page – the numerous breaks in sentences, series of asterisks, ellipses, question marks in the middle of sentences, hyphens, and so forth. This was innovative for the poetry of the nineteenth century. I was no less attracted to the modernity of his ideas, his succinct and often ironic expression, and his spare lyricism.

I have translated Norwid's poetry by adhering to the following five principles:

I felt that the meaning had to remain true to the original by retaining Norwid's complexities and conveying his multiple meanings and intentions.

I wanted to maintain the rhythm of the original as much as possible. For example, "Chopin's Grand Piano" possesses the rhythm and musicality of a mazurka.

My third consideration – and all are of equal importance – was to maintain the lyricism.

Rhyming is something I particularly like, and Norwid is a poet of rhyme. I tried to reproduce this as much as possible.

My final principle was, as already mentioned above, the crucial issue of the visual aspect of the poems. The novelty in punctuation had special meaning; for example, asterisks were to convey silence, inviting the reader to ponder. For the punctuation and layout of the poems of "Vade-mecum," I used Józef Fert's definitive text, published in 2004 by the Towarzystwo Naukowe (Scientific Society) of the Catholic University of Lublin. Please note that all italicized phrases are Norwid's.

No translation is a final one, but it is my hope that I have risen to the task, at least in some measure, of giving the English reader the opportunity to become acquainted with one of Poland's greatest poets.

D. B.

ACKNOWLEDGMENTS

It has been my great fortune to become acquainted with Dr. Agata Brajerska-Mazur and her work. A member of the group of Cyprian Norwid scholars at the Catholic University in Lublin, she is a specialist in English translations of Cyprian Norwid's poetry. Author of numerous texts on the subject, she has adapted the catena method, used by the Fathers of the Church in interpreting biblical texts, for systematically approaching the process of translating Norwid's poetry. This method compares the most important interpretations of a source text in order to determine the most significant features that should be preserved in translation. After acquainting herself with my first few translations, she agreed to collaborate with me. I am deeply grateful for her able and sensitive way of critiquing all of my translations in this book.

My thanks also go the Polish poet and literary scholar Rev. Dr. Janusz A. Ihnatowicz, for his insightful comments on several poems, including "My Song (I)," "Chopin's Grand Piano," "As Introduction," "The Pilgrim," "In Verona," "Ideas and Truth," and "Death."

I have always considered the linguistic sensibility of native speakers of American English to be of utmost importance. In this context, I want to express my thanks to the poets Gerrit Lansing and Kenneth Irby for their comments on "To Bem's Memory – A Funeral Rhapsody," and to Gerrit Lansing for his critique of "The Past." My thanks also go to Professor Robert Boyers and poet Peg Boyers, editors of *Salmagundi*, for their suggestions concerning "The Last Despotism." I am grateful to Norman Eberhardt and Thom Lane, avid readers of English poetry, for their careful review of "Chopin's Grand Piano." I am no less grateful to my group of translators in Cambridge, Massachusetts, members of the American Literary Translators Association, for their participation in the translating process of "The Sphinx" and "Death." And I know I can always rely on my friend Alan Braver's help in clarifying Latin quotations. My sincere appreciation also goes to my sons Andrew and Paul Stachiewicz for their attentive and engaged listening to my translation of "Quidam" and other poems, and to Andrew for his insights into the logistics of the publishing world.

Last but not least, my appreciation goes to Jill Schoolman, my publisher, for being moved by Norwid's poems "on various levels" – so important for the understanding of this difficult poet. Her response to my translations inspired me to continue this challenging work.

POEMS

VADE-MECUM

ZA WSTĘP
(OGÓLNIKI)

Gdy, z wiosną życia, duch Artysta
Poi się jej tchem jak motyle,
Wolno mu mowić tylko tyle:
„Ziemia jest krągła – jest kulista!"

Lecz gdy późniejszych chłodów dreszcze
Drzewem wzruszą i kwiatki zlecą,
Wtedy dodawać trzeba jeszcze:
„U biegunów – spłaszczona nieco . . ."

Ponad wszystkie wasze uroki -
Ty! poezjo, i ty, wymowo -
Jeden – wiecznie bedzie wysoki:
✱ ✱
Odpowiednie dać rzeczy – słowo!

VADE-MECUM

AS INTRODUCTION
(GENERALITIES)

When, in the spring of life, the Artist's spirit
Draws breath like a butterfly,
Herein his only limit lies:
"The earth is round – it's spherical!"

But when late shivers, chills
Move a tree, and little flowers flit,
He must enlarge upon it still:
"Though at the poles – it's flattened just a bit . . ."

Beyond, above all your charms,
You! poetry, and you, speech! Behold,
Ever the highest will be – this aim:
* *

To name each matter by its rightful – word!

I
VADE-MECUM

Klaskaniem mając obrzękłe prawice,
Znudzony pieśnią, lud wołał o czyny;
Wzdychały jeszcze dorodne wawrzyny,
Konary swymi wietrząc błyskawice.

Było w Ojczyźnie laurowo i ciemno
I już ni miejsca dawano, ni godzin
Dla nieczekanych powić i narodzin,
Gdy Boży-palec zaświtał nade mną;
Nie zdając liczby z rzeczy, które czyni,
Żyć mi rozkazał w żywota pustyni!

*

Dlatego od was . . . o! laury, nie wziąłem
Listka jednego, ni ząbeczka w liściu,
Prócz może cieniu chłodnego nad czołem
(Co nie należy wam, lecz – słońca przyściu . . .).
Nie wziąłem od was nic, o! wielkoludy,
Prócz dróg zarosłych w piołun, mech i szalej,
Prócz ziemi, klątwą spalonej, i nudy . . .
Samotny wszedłem i sam błądze dalej.

*

Po-obracanych w przeszłość niepojętę,
A uwielbioną – spotkałem niemało!
W ostrogi rdzawe utrafiałem piętę
W ścieżkach, gdzie zbitych kul sporo padało.

I
VADE-MECUM

Their hands swollen from clapping,
Bored by chants, people called for action;
Shapely bay trees heaved sighs,
While their limbs sensed bolts of lightning.

My Country was laureled and dark
With no place allotted, nor hour
For unexpected births,
When the Finger-of-God loomed above me;
Without giving account of worlds it creates,
It ordered me to live in life's desert!

*

That is why from you . . . o! laurels, I took
No single leaf, nor its tiniest tooth,
Except a cool shade perhaps, above my brow
(Not due to you, but – to sun's passing . . .).
I took nothing from you, o! you giants,
Except for roads overrun with wormwood, lichen, and cowbane,
Except for earth scorched with curses and tedium . . .
I went all alone and wander on alone.

*

Of those who turned to a past that's obscure,
Yet beloved – I met more than a few!
I stabbed my sole on corroded spurs
On paths where spent shells used to fall.

Nieraz Obyczaj stary zawadziłem,
Z wyszczérzonymi na jutrznię zębami,
Odziewający się na głowę pyłem,
By noc przedłużył, nie zerwał ze snami.

*

Niewiast, zaklętych w umarłe formuły,
Spotkałem tysiąc – i było mi smętno,
Że wdzięków tyle widziałem – nieczuły!
Źrenicą na nie patrząc bez-namiętną.
Tej, tamtej rękę tknąwszy marmurowę,
Wzruszyłem fałdy ubrania kamienne,
A motyl nocny wzleciał jej nad głowę,
Zadrżał i upadł . . . i odeszły, senne . . .

*

I nic – nie wziąłem od nich w serca wnętrze,
Stawszy się ku nim, jak one, bezwładny,
Tak samo grzeczny i zarówno *żadny*,
Że aż mi coraz szczęście niepojętsze!
– Czemu? dlaczego? w przesytu-Niedzielę
Przyszedłem witać i żegnać – tak wiele? . . .
Nic nie uniósłszy na sercu – prócz szaty –
Pytać was – nie chcę i nie raczę: *KATY!* . . .

*

Piszę – ot! czasem . . . piszę *NA BABYLON
DO JERUZALEM!* i dochodzą listy –
To zaś mi mniejsza, czy bywam omylon
Albo nie? . . . piszę pamiętnik artysty,

Ofttimes an old Custom I would meet,
Its teeth bared at the dawn,
Its head covered in dust
To lengthen the night, not to sever dreams.

*

Women, into dead canons bewitched,
I met by the thousands – I was grieved
That so much grace – left me cold!
All this I touched with my passionless iris,
This and that marble hand,
I traced the cloth's stony folds,
A night butterfly flew over their heads,
Trembled and fell . . . and they, half sleeping, were gone . . .

*

Nothing – I took naught to my heart's core,
And became toward them, as they were, inert,
Courteous, as they were, and equally *worthless*,
Until bliss was harder and harder to know!
– Why? Why? In that Sunday's excesses
Did I come to greet so many – say adieu? . . .
Clothing my heart in naught – safe attire –
To ask you – I will not, deign not: *EXECUTIONERS!* . . .

*

I write – eh! sometimes . . . *BY WAY OF BABYLON*
Or *TO JERUSALEM!* – my letters arrive –
I care little whether I blunder
Or not? . . . I write an artist's account,

Ogryzmolony i w siebie pochylon –
Obłędny! . . . ależ – wielce rzeczywisty!
. . . .

*

Syn – minie pismo, lecz ty spomnisz, wnuku,
Co znika dzisiaj (iż czytane pędem)
Za panowania Panteizmu-druku,
Pod ołowianej litery urzędem –
I, jak zdarzało się na rzymskim bruku,
Mając pod stopy katakomb korytarz,
Nad czołem słońce i jaw ufny w błędzie,
Tak znów odczyta *on*, co ty dziś czytasz,
Ale on spomni mnie . . . bo mnie nie będzie!

Ink-besmeared and inwardly hunched –
Errant! . . . but of course – utterly true!

. . . .

*

My son – will skirt this work, but you, grandson, will note,
What disappears today (because hurriedly read)
While print-Pantheism still reigns,
By virtue of the printer's type in lead –
And, as would happen on a Roman street,
With catacombs' paths under one's feet,
Overhead the sun, and daylight sanguine yet flawed,
So will *he* read again what you read today,
And will recall me . . . when I'll be no more!

II
PRZESZŁOŚĆ

Nie Bóg stworzył *przeszłość* i śmierć, i cierpienia,
Lecz ów, co prawa rwie,
Więc nieznośne mu – dnie;
Więc, czując złe, chciał odepchnąć *spomnienia*!

Acz nie byłże jak dziecko, co wozem leci,
Powiadając: „O! dąb
Ucieka! . . . w lasu głąb . . .”
– Gdy dąb stoi, wóz z sobą unosi dzieci.

Przeszłość jest i *dziś*, i te dziś dalej:
Za kołami to wieś,
Nie – jakieś tam *coś*, *gdzieś*,
Gdzie nigdy ludzie nie bywali! . . .

II
THE PAST

God did not create *the past*, nor death nor pain,
But he who breaks the laws,
His days are – woes;
So, sensing evil, wards off memory, in vain!

Wasn't he like a child that whirs by in a dray,
Saying: "O! An oak tree
Deep into the woods . . . it flees! . . ."
– The oak stands still, the cart sweeps the children away.

The *past* is here *today*, and today is even further:
Beyond the wheels the village is there,
Not – some*thing, somewhere,*
Where people never gathered! . . .

VI
W WERONIE

Nad Kapuletich i Montekich domem,
Spłukane deszczem, poruszone gromem,
Łagodne oko błękitu –

Patrzy, na gruzy nieprzyjaznych grodów,
Na rozwalone bramy do ogrodów
I gwiazdę zrzuca ze szczytu –

Cyprysy mówią, że to dla Julietty,
Że dla Romea, ta łza – znad planety
Spada, i groby przecieka,

A ludzie mówią, i mówią uczenie,
Że to nie łzy są, ale że kamienie,
I – że nikt na nie . . . nie czeka!

VI
IN VERONA

Over the house of Capulet and Montague,
Moved by thunder, rinsed by rain,
The gentle eye of heaven blue –

Looks upon the ruins of the hostile forts,
Over shattered garden gates,
And hurls a star from on high –

This tear is for Juliet, every cypress says,
And for Romeo – from beyond our planet
It falls and soaks the graves,

While people say, and they're men of learning:
These are not tears but stones,
And – for them . . . no one is waiting!

IX
CIEMNOŚĆ

Ty skarżysz się na ciemność mojej mowy,
– Czy też świecę zapalałeś *sam*?
Czy sługa ci zawsze niósł pokojowy
Swiatłość? . . . patrz – że ja cię lepiej znam.

Knot, gdy obejmiesz iskrą, wkoło płonie,
Grzeje wosk, a ten kulą wstawa,
I w biegunie jej nagle płomień tonie;
Światłość jego jest mdła – bladawa –

Już – już mniemasz, że zgaśnie, skoro z dołu
Ciecz rozgrzana swiatło pochłonie –
Wiary trzeba – nie dość skry i popiołu . . .
Wiarę dałeś? . . . patrz – patrz, jak płonie! . . .

Podobnie są i słowa me, o! człeku,
A ty im skąpisz chwili marnej,
Nim, rozgrzawszy pierwej zimnotę wieku,
Płomień w niebo rzucą, ofiarny . . .

IX
OBSCURITY

You protest the obscurity of my speech,
– Have *you yourself* ever lit a candle?
Or did your servant always bring you
Light? . . . watch – for I know you well.

A wick, lit with a spark, burns down
And warms the wax, which rises like a ball
At its pole, the flame suddenly drowns;
Its Light is wan – a fading glow –

Quick – quick, you think it will die, as
From below the hot liquid drowns the light –
It's faith you need – ash and spark are not enough . . .
Have you faith? . . . then watch – watch it blaze! . . .

Such are my words, o! my fellow man,
Yet you stint them one meager moment,
Ere, first kindling epoch's chill,
They cast a flame into the skies, in atonement . . .

XI
PIELGRZYM

Nad stanami jest i *stanów-stan*,
Jako wieża nad płaskie domy
Stercząca w chmury . . .

Wy myślicie, że i ja nie Pan,
Dlatego że dom mój ruchomy
Z wielbłądziej skóry . . .

Przecież ja – aż w nieba łonie trwam,
Gdy ono duszę mą porywa
Jak piramidę!

Przecież i ja – ziemi tyle mam,
Ile jej stopa ma pokrywa,
Dopokąd idę! . . .

XI
THE PILGRIM

A state-of-states stands above all states,
Like a tower above flat roofs
Jutting into clouds . . .

You think I am not a Lord of land
Because my home, forever mobile,
Is made of camel hide . . .

Even I – dwell high in heaven's womb,
While it captivates my soul,
As it does a pyramid!

Even I – own as much land
As my foot can tread upon,
As long as I walk on! . . .

XIII
LARWA

Na śliskim bruku w Londynie,
W mgle – podksiężycowej, białej –
Niejedna postać cię minie,
Lecz ty ją wspomnisz, struchlały.

Czoło ma w cierniu? czy w brudzie?
Rozeznać tego nie można;
Poszepty z Niebem o cudzie
W wargach . . . czy? piana bezbożna! . . .

Rzekłbyś, że to Biblii księga
Zataczająca się w błocie –
Po którą nikt już nie sięga,
Iż nie czas – myśleć o cnocie! . . .

Rozpacz i pieniądz – dwa słowa –
Łyskają bielmem jej źrenic.
Skąd idzie? . . . sobie to chowa.
Gdzie idzie? . . . zapewne - gdzie *nic*!

Takiej to podobna jędzy
Ludzkość, co płacze dziś i drwi;
– Jak historia? . . . wié tylko: „*krwi!* . . ."
Jak społeczność? . . . – tylko: „*pieniędzy!* . . ."

Londyn 1854

XIII
LARVA

On slippery London pavement
In fog, sub-lunar, white –
Many a creature will pass by,
You'll remember her, terrified.

Her brow in thorns? or filth?
One cannot with certainty tell;
Are these hints of miracles
On her lips . . . or? spume from hell! . . .

You'd say, that book is the Bible
Rolling thus in slime –
No one ever reaches for it,
For it is not – virtue's time! . . .

Despair and money – two words –
Flash in her web-shrouded eyes.
Whence comes she? . . . only she knows.
Where goes she? . . . where *nothing* is!

Such is Mankind – a witchlike crud
That weeps today and finds things funny;
– Its history? . . . knows only: "*blood!* . . ."
Its institutions? . . . – only: "*money!* . . ."

London, 1854

XIV
LITOŚĆ

Gdy płyną *łzy*, chustką je ocierają,
Gdy *krew* płynie, z gąbkami pośpieszają,
Ale gdy *duch* wycieka pod uciskiem,
Nie nadbiegają pierwej z reką szczerą,
Aż Bóg to otrze sam, piorunów błyskiem –
– Wtenczas, dopiéro! . . .

XIV
MERCY

When *tears* flow, they wipe them with a handkerchief,
When *blood* flows, they hurry with their sponges,
But when the *spirit* seeps out under oppression,
They don't come running with an open hand,
'Til God, with a flash of lightning, sweeps them himself –
Only then! . . .

XV
SFINKS

Zastąpił mi raz Sfinks u ciemnej skały,
Gdzie, jak zbójca, celnik lub człowiek biedny,
„*Prawd!*" wołając – wciąż prawd zgłodniały –
Nie dawa gościom tchu;

– „*Człowiek?* . . . *jest to kapłan bez-wiedny*
I niedojrzały . . ."–
Odpowiedziałem mu.

Alić – o! dziwy . . .
Sfinks się cofnął grzbietem do skały:
– Przemknąłem żywy!

XV
THE SPHINX

The Sphinx once barred my way at a dark rock,
Where, like a publican, thug, or beggar,
"*Truth*!" she cried – ever truth-hungry –
Won't let a fellow go;

– "Man? . . . *he is a high priest unaware,*
And unformed . . ."–
I answered her.

And – o! wonders abide . . .
Sphinx pressed her back to the rock:
– I slipped by alive!

XIX
STOLICA

O! ulico, ulico . . .
Miast, nad którymi *Krzyż*;
Szyby twoje skrzą się i świécą
Jak źrenice kota, łowiąc mysz.

Przechodniów tłum, ożałobionych czarno
(W *barwie stoików* *),
Ale wydąża każdy, że aż parno
Wśród omijań i krzyków.

Ruchy dwa i giesty – dwa tylko:
Fabrykantów, ścigających *coś* z rozpaczą,
I pokwitowanych z prac, przed chwilką,
Co tryumfem się raczą . . .

Konwulsje dwie i dwa obrazy:
Zakupionego z góry *nieba*
Lub fabrycznej *ekstazy* –
O, kęs chleba.

– Idzie Arab, z kapłańskim ruszeniem głowy,
Wsród chmurnego promieniejąc tłoku;
Biały – jak statua z kości słoniowej –
Pojrzę nań . . . wytchnę *oku*!

---

* *Czarny* kolor odzieży przejęli chrześcijanie od *stoików*.

XIX
CAPITAL

O! street, o street . . .
Of cities above which hovers the *Cross*;
Your windows glisten and shine
Like cat's pupils hunting mice.

The crowd of passersby, in mourning black
(The *color of the Stoics**),
Heat rising, they duck
Each other and squawk.

Two gestures, two moves – just two:
Of producers, chasing *something* in gloom,
And of those with freshly cut paychecks,
Delighting in their boon . . .

Two visions, two convulsions:
Of *heaven* purchased ahead
And of factory men's *elation* –
Over a morsel of bread.

– An Arab walks, with the nod of a cleric's brow,
Radiant amid the sullen crowd;
White – like an ivory statue –
I'll gaze at him . . . will rest my *eye!*

---

* *Black* was adopted for clothing by Christians from the *Stoics*.

Idzie pogrzeb, w ulice spływa boczne
Nie-pogwałconym krokiem;
W ślad mu pójdę, *giestem* wypocznę,
Wypocznę – *okiem*! . . .

Lub – nie patrząc na niedobliźnionych bliźnich lica –
Utonę myślą wzwyż:
– Na lazurze balon się rozświeca,
W obłokach? . . . *Krzyż*!

A funeral cortege drifts into side streets
With an unhurried stride;
I'll follow in its wake, idle my *gestures*,
Idle – my *eye*! . . .

Or – avoiding my brethren's open-scarred cheeks –
Upward I'll lose my thoughts:
– In the azure a balloon brightly beams,
And between clouds? . . . the *Cross*!

XXVI
CZEMU NIE W CHÓRZE?

Śpiewają wciąż wybrani
U żłobu, gdzie jest *Bóg*;
Lecz milczą zadyszani,
Wbiegając w próg . . .

A cóż dopiero? owi,
Co ledwo wbiegli w wieś? –
Gdzie jeszcze ucho łowi
Niewinniąt rzeź! . . .

Śpiewajcież, o! wybrani,
U żłobu, gdzie jest Bóg;
Mnie jeszcze ucho rani
Pogoni róg . . .

Śpiewajcież, w chór zebrani – –
Ja? zmięszać mógłbym śpiew
Tryumfującej litanii –
        Jam widział *krew* . . . !

XXVI
WHY NOT IN CHORUS?

The chosen ones sing on
By the crib where *God* resides;
The silent ones are panting,
Crossing the threshold . . .

And what about? the ones
Just arriving in the village? –
Where the ear still rings with
The Innocents' massacre! . . .

Sing on, you chosen ones,
By the crib where God resides;
My ear's still smarting from
Pursuers' horns . . .

Sing you, in chorus bound – –
And I? – corrupt the intonation
In triumphant supplication –
                    For I've seen *blood* . . . !

XXVII
MISTYCYZM

Mistyk? jest błędnym – pewno!
Więc i *mistycyzm* nie istnieje?
Tylko jest próżnią rzewną,
Snem – nim roz-dnieje! . . .

Góral? na Alpów szczycie
Jeżeli się zabłąka w chmurę –
– Czy wątpi o jej bycie
* * * * * * * * * * * * * * * * *
Błądząc – po wtóre?

XXVII
MYSTICISM

A mystic? he's astray – of course!
Does *mysticism* not exist?
'Tis but a piteous void,
A dream – till dawn dispels it! . . .

A highlander? upon an Alpine summit
When straying in a cloud –
Does he doubt the cloud's existence
* * * * * * * * * * * * * * * * *
When astray – again?

XXX
FATUM

I

Jak zwierz dziki – przyszło *Nieszczęście* do człowieka
I zatopiło weń fatalne oczy . . .
– Czeka – –
Czy, człowiek, zboczy?

II

Lecz on odejrzał mu – jak gdy artysta
Mierzy swojego kształt modelu –
I spostrzegło, że on patrzy – *co*? skorzysta
Na swym nieprzyjacielu:
I zachwiało się – całą postaci wagą . . .
– – I nie ma go!

XXX
FATUM

I

Like a fierce beast – *Misfortune* came to man
And pierced him with its fateful eyes . . .
– It waits – –
Will, man, swerve?

II

But he gazed back – as an artist would
Take measure of his model's form –
And it saw him watching – *what*? will man
Profit from his foe:
It reeled – with the full weight of its being . . .
– – And was gone!

XLII
IDEE I PRAWDA

I

Na wysokościach myślenia jest sfera,
Skąd widok stromy –
Mąci się w głowie i na zawrót zbiera,
W chmurach – na gromy.
– Płakałbyś może, lecz łzę wiatr ociera
Pierw, nim błysnęła –
Po coż się wdzierać, gdzie światy są zera,
Pył – arcydzieła?!...

II

Zły anioł jednak uniósł Ecce-Homo
Na opok szczyty,
Gdzie, stojąc jeden i patrzając stromo,
Człek – gardzi byty.
– Jakoby wyrwał się z jawu, kryjomo,
Skrzydły nikłemi,
I mierzyć chciał się sam z swoją widomą
Wagą – na ziemi.

III

I ściągałby go magnetyzm globowy
W sfery dotkliwe,
Gdzie nie doświadcza nic zawrotów głowy –
Nic!... co – szczęśliwe.
– Aż wielki smętek lub kamień grobowy

XLII
IDEAS AND TRUTH

I

From the realms of highest thinking
The view is steep –
Dazed, 'til the head whirls,
In the clouds – 'til it thunders.
– You may weep perhaps, but the wind will wipe your tear
Before it glints –
Why clamber where worlds are voids
And masterworks are – dust?! . . .

II

Yet the dark angel has lifted Ecce Homo
To bedrock's peaks,
Where, standing alone, looking steeply down,
Man – scorns beings.
– As if he's escaped reality, in secret,
On frail wings,
And wished to compete with his own palpable
Weight – on earth.

III

And the globe's gravity will pull
Him into painful realms
Where no being feels its head spinning –
No being! . . . that is – happy.
– 'Til great dolor or a tombstone

Z tych sfer, bezpiecznych,
Wypchnie znów na szczyt myślenia budowy
W obłęd dróg mlecznych.

IV

Bo w górze – *grób jest Ideom* człowieka,
W dole – *grób-ciału*;
I nieraz *szczytne* wczorajszego wieka
Dziś – tyczé kału . . .
* *
Prawda się *razem dochodzi i czeka*!

From these safe spheres
Thrusts him again onto peaks of thought,
Into the lunacy of milky ways.

IV

For upon those heights – *lies the grave* of man's *Ideas*,
Down in these depths – his *body's tomb*;
And often what's *lofty* in yesteryear
Today – touches excreta . . .

* *

Truth, one *both reaches it and waits*!

LIV
JAK . . .

Jak gdy kto ciśnie w oczy człowiekowi
Garścią fiołków, i nic mu nie powié . . .

*

Jak gdy akacją z wolna zakołysze,
By woń, podobną jutrzennemu ranu,
Z kwiaty białymi, na białe klawisze
Otworzonego padła fortepianu . . .

*

Jak gdy osobie stojącej na ganku
Daleki księżyc wpląta się we włosy,
Na pałającym układając wianku
Czoło – lub w srebrne ubiera je kłosy . . .

*

Jak z nią rozmowa, gdy nic nie znacząca,
Bywa podobna do jaskółek lotu,
Który ma cel swój, acz o wszystko trąca,
Przyjście letniego prorokując grzmotu,
Nim błyskawica uprzedziła tętno –
Tak . . .
            . . . lecz nie rzeknę nic – bo mi jest smętno.

LIV
JUST AS . . .

Just as one throws a bunch of violets
Into another's eyes without a word . . .

*

Just as one slowly sways an acacia,
So its aroma falls like an early dawn
With its white bloom, onto the white keys
Of an opened piano . . .

*

Just as the distant moon weaves
Through her hair, as she stands on the porch,
Arranging into its glowing wreath
Her brow – or adorning it with silver sheaf . . .

*

Just as a talk with her – devoid of meaning,
Is like the swallows' flight,
Which has an aim, but collides into all,
Foretells the arrival of the thunder
Before the lightning forestalls its beat –
So . . .

　　　. . . yet I'll say nothing – for I'm full of grief.

LV
KÓŁKO

Jak niewiele jest ludzi i jak nie ma prawie
Pragnących się *objawić*! . . . – przechodzą – przechodzą –
Odpychają się, tańcząc z sobą, lub w zabawie
Poufnej kłamią płynnie, serdecznie się zwodzą –
Ni *wspołcześni*, ni bliscy, ani sobie znani,
Ręce imając, śliniąc się szczelnym uściskiem –
Głębia pomiędzy nimi wre i oceani,
A na jej pianach – oni, bliscy czym? . . . nazwiskiem!
Świat zaś mówi: „*To – swoi, to – kołko domowe*,
To – nasi!" – Szczerzej niebo łączy lazurowe
Tysiąc ludów, co rżną się przez wieki, bo szczerzéj
Z każdego aby jeden w spólne Niebo wierzy.
– Oni zaś tańczą: łonem zbliżeni do łona,
Polarnie nieświadomi siebie i osobni;
Dość, że nad nimi jedna lampa zapalona
I moda jedna wszystkich wzajemnie podobni.
– „*To nasi!* . . ." *Mapę-życia* gdyby kto z wysoka
Kreślił jak *mapę-globu*? . . . góry i pustynie
Przeniosłyby się w krótkie jedno mgnienie oka;
Ocean by zaś przepadł – gdzie łza drobna płynie!

LV
THE LITTLE CIRCLE

How few are the people, hardly any at all
Who wish to *self-reveal*! . . . they pass by – they pass –
Push each other away while dancing, or in intimate
Play they glibly lie, warmly deceiving each other –
Neither *contemporaries*, nor close, nor acquainted,
Holding hands, drooling in a tight embrace –
Depths between them seethe, like oceans expand,
And they, on the foam – are they close, how? . . . by name!
But the world says: *"They are – us, this is – our homey circle,*
They are – our very own!" – The azure sky is more genuine
When it links a thousand tribes warring through the ages,
For in each a single man in a common Heaven believes.
– So they dance: bosom close to bosom,
Yet poles apart, unaware of themselves and separate;
Suffice that one lamp is lit above them all
And one single fashion makes them all alike.
"They are – our very own!" . . . What if we drew a *life-map*
Like a *world-map* from on high? . . . mountains and deserts
Would shift in one brief blinking of an eye,
An ocean disappear – where flows but a tiny tear!

LVI
CZUŁOŚĆ

Czułość – bywa jak pełny wojen krzyk,
I jak szemrzących zródeł prąd,
I jako wtór pogrzebny . . .

I jak plecionka długa z włosów blond,
Na której wdowiec nosić zwykł
Zegarek srebrny – – –

LVI
TENDERNESS

Tenderness – is oft like a war-drenched cry,
And like wellsprings' murmuring whirl,
And like a burial lament . . .

And like a braided long blond curl,
Upon which the widower is wont to wear
His silver watch – – –

LXX
LAUR DOJRZAŁY

Nikt nie zna dróg do potomności,
Jedno – po samodzielnych bojach;
Wszakże, w Świątyni jej, nie gości
W tych, które on wybrał, pokojach.

Ni swoimi – wstępuje drzwiami,
Lecz które jemu odemknięto –
A co? w życiu było *skrzydłami*,
Nieraz w dziejach jest ledwo *piętą*! . . .

Rozwrzaskliwe czasów przechwałki,
– Co mniemiałbyś, że są trąb graniem -?
To – padające w urnę gałki . . .
Gdy cisza jest *głosów-zbieraniem*.

LXX
MATURE LAUREL

No one knows the paths to posterity,
Except – through battles fought alone;
Still, in its Temple, no one is a guest
In chambers he has chosen as his own.

Nor does he enter through his own portal
But through one that has been for him opened –
And what? what were *wings* in life's deal . . .
In history proves often merely a *heel*! . . .

Today's overshrill swagger,
– You'd think it was the sound of trumpets –?
Here – balls clatter into urns . . .
Yet silence as the *votes gather*.

LXXXII
ŚMIERĆ

Skoro usłyszysz, jak czerw gałąź wierci,
Piosenkę zanuć lub zadzwoń w tymbały;
Nie myśl, że formy gdzieś podojrzewały;
Nie myśl – o śmierci . . .

Przed-chrześcijański to i błogi sposób
Tworzenia sobie *lekkich* rekreacji,
Lecz *ciężkiej* wiary, że śmierć: *tyka osób,*
Nie sytuacji – –

A jednak ona, gdziekolwiek dotknęła,
Tło – nie istotę, co na *tle* – rozdarłszy,
Prócz chwili, w której wzięła, nic nie wzięła.
– Człek – od niej starszy!

LXXXII
DEATH

When you hear a worm bore a bough,
Hum a song or strike timbals;
Don't think of forms ripened elsewhere;
Don't think – of death . . .

Pre-Christian this and blissful way
Of creating for oneself *soft* dalliances,
And *hard* faith that death: *touches beings,*
Not circumstances – –

And yet, whatever death has touched,
It's the *backdrop* – not essence – that he's rent,
Barring the moment when he took, but took nothing:
– Man – is death's elder!

LXXXV
DO ZESZŁEJ . . .
(NA GROBOWYM GŁAZIE)

Sieni tej drzwi otworem poza sobą
Zostaw – – wlećmy już daléj! . . .
Tam, gdzie jest *Nikt*, i jest *Osobą*:
– Podzieleni wszyscy, a cali! . . .

Tam, milion rzęs, choć jedną łzą pokryte,
Kroć serc, łkających: „*gdzie Ty?*"
– Tam, stopy dwie, gwoźdźmi przebite –
Uciekające – z planety . . .
* * * * * * * * * * * * * * * * * * * *
Tam, milion moich słów – tam, lecą i te.

LXXXV
TO THE DEPARTED . . .
(ON A TOMBSTONE)

Leave this door to the vestibule open
Behind you – let's fly up higher! . . .
There, where *Nobody* is, lingers a *Person*:
– Divided all, yet whole! . . .

There, a million eyelashes, though under one tear,
Myriad hearts, sobbing: *"Where art Thou?"*
– There, two feet, pierced by nails –
Fleeing – from the planet . . .
* * * * * * * * * * * * * * * * * * * *
There, a million of my words – there, fly also these.

XCV
NERWY

Byłem wczora w miejscu, gdzie mrą z głodu –
Trumienne izb oglądałem wnętrze;
Noga powinęła mi się u schodu,
Na nieobrachowanym piętrze!

Musiał to być cud – cud to był,
Że chwyciłem się belki spróchniałej . . .
(A gwóźdź w niej tkwił,
Jak w ramionach *krzyża*! . . .) – uszedłem cały! –

Lecz uniosłem, pół serca – nie więcej –
Wesołości? . . . zaledwo ślad!
Pominąłem tłum, jak targ bydlęcy;
Obmierzł mi świat . . .

Muszę dziś pójść do Pani Baronowej,
Która przyjmuje bardzo pięknie,
Siedząc, na kanapce atłasowej – –
Coż? powiem jej . . .
                                    . . . Zwierciadło pęknie,
Kandelabry się skrzywią na *realizm*,
I wymalowane papugi
Na plafonie – jak długi –
Z dzioba w dziób zawołają: „*Socjalizm!*"

XCV
NERVES

Yesterday I went to a place where many die of hunger –
Coffin-like chambers to behold;
My foot tripped over a step
On an unaccounted-for floor!

It must have been a miracle – a miracle indeed,
That I grabbed a rotten beam . . .
(A nail was there, as on the arms
Of the *cross*! . . .) – I escaped unharmed! –

But I continued with half a heart – no more –
Of mirth? . . . merely a trace!
I skirted, like a cattle mart, a horde;
I'm sick of this world's disgrace . . .

Today I must visit the Baroness,
Who elegantly entertains,
Stretched on a satin chaise longue –
What? I'll tell her . . .

                       . . . A mirror will crack,
Candelabras make a wry face at *realism*,
And painted parrots
On the plafond – as it is long –
From beak to beak will cry: "*Socialism!*"

Dlatego – usiądę z kapeluszem
W ręku – – a potem go postawię
I wrócę milczącym faryzeuszem
– Po zabawie.

Therefore – I'll sit, hat in hand
Then set it down – – and return home
Like a taciturn Pharisee
– When the party's done.

XCVI
OSTATNI-DESPOTYZM

Cóż nowego? – Despotyzm runął! . . . wraz opowiem:
Oto *depesza* . . .

                 . . . jakże? pan cieszy się zdrowiem –
Niech pan siądzie – *depesza? mówi?* spocząć proszę –
Lecz co? słyszę: w przedsionku chrzęszczą mekintosze,
Któś nadchodzi! – to Baron – jakże? cenne zdrowie . . .
Niech siądzie – – coż? nowego nam Baron opowie . . .

    *

Depesza ta, co? mówi . . . może pomarańczę? . . .
Lub może wody z cukrem? – – upadły szarańcze
W Grecji – – na Cyprze brzeg się w otchłanie usunął –
W *Cyruliku sewilskim* występuje *Pitta* –
– Pomarańcza, jak widzę, z Malty – wyśmienita!
Może drugą? . . .

    *

                 . . . i jakże Despotyzm ów runął??

    *

Lecz własnie anonsują eks-szambelanowę
Z synem przybranym – – coż pan mówisz na *nepotyzm*?
Chłopiec starszy od matki o rok i o głowę . . .
Właśnie nadchodzą . . .

                 . . . jakże? runął ów Despotyzm.

XCVI
THE LAST DESPOTISM

So what's new? – Despotism fell! . . . Hear this:
A telegram . . .
                   . . . so, sir? you're in good health I trust –
– *A telegram? it says?* oh, have a seat –
But what? I hear: in the hall raincoats rustle,
Someone's arriving! – the Baron – your precious health, you must . . .
Have a seat – – what news? the Baron will tell us with a tweet . . .

*

This *telegram*, it says . . . have an orange, it's so sweet? . . .
Or sugared water? – – locusts swept down on Greece
– In Cyprus the coast has slid into the deep –
Patti performing in the *Barber of Seville* –
– I see this orange is from Malta – delicious! Will you
Have one more? . . .

*

                 . . . but how did that Despotism fall??

*

They're just announcing the chamberlain's ex-wife in the hall
With her adopted son – but your views on *nepotism*, sire?
The boy an elder to his mother by a year, by a head taller . . .
They're just approaching . . .
                 . . . how? that Despotism did fall.

XCVII
FINIS

. . . Pod sobą samym wykopawszy zdradę,
Cóś z życia kończę, kończąc *mecum-vade*,
Złożone ze *stu* perełek nawlekłych -
Logicznie w siebie jak we łzę łza wciekłych;
Wstrzymuję pióro . . . niżeli . . . niżeli
Zniecierpliwiony się wstrzyma czytelnik:
Poszyt zamykam cicho, jak drzwi celi – –

*

Tak *flory-badacz* dopełniwszy *zielnik*,
Gdy z poziomego mchu najmniejszym liściem
Szeptał o śmierciach tworów – chce nad wnijściem
Księgi podpisać się . . . pisze . . . *śmiertelnik*!

XCVII
FINIS

. . . Digging out treason from beneath me,
Something of life I end, by ending *mecum-vade*,
Composed of a *hundred* pearls and threaded –
Logically as tear flows into tear one into another;
I halt my pen . . . before . . . before
Impatient reader halts his reading:
I softly close the book's cover, like a cell door – –

*

Thus a *botanist* having completed his book of plants immortal
– After he has, with lowly moss's smallest leaf
Whispered of animal death – wants on the front sheath
Of the book to pen his name . . . he signs . . . *a mortal*!

XCIX
FORTEPIAN SZOPENA

Do Antoniego C . . . .
La musique est une chose étrange!
Byron

L'art? . . . c'est l'art – et puis, voilà tout.
Béranger

I

Byłem u Ciebie w te dni przedostatnie
Niedocieczonego wątku –
Pełne – jak Mit,
Blade – jak świt . . .
– Gdy życia koniec szepce do początku:
„*Nie stargam Cię ja – nie! – Ja – u-wydatnię!* . . .”

II

Byłem u Ciebie w dni te, przedostatnie,
Gdy podobniałeś – co chwila, co chwila –
Do upuszczonej przez Orfeja liry,
W której się rzutu-moc z pieśnią przesila,
I rozmawiają z sobą struny cztéry,
Trącając się,
Po dwie – po dwie –
I szemrząc z cicha:
„*Zacząłże on*
Uderzać w ton? . . .
Czy taki Mistrz! . . . *że gra* . . . *choć, odpycha?*”

XCIX
CHOPIN'S GRAND PIANO

To Anthony C . . . .

> *La musique est une chose étrange!*
>
> Byron

> *L'art? . . . c'est l'art – et puis, voilà tout.*
>
> Béranger

I

I visited you in those days but last
Of life's inscrutable thread –
Full – like Myth,
Pale – like dawn . . .
– When life's end whispers to its beginning:
"I won't destroy you – no! – You I'll enhance! . . ."

II

I visited you in those days, days but last,
When you became – moment, by moment –
Likened to the lyre Orpheus let fall,
Where force-of-thrust struggles with song,
And four strings converse,
Nudging each other,
Two – by two –
And in soft strains:
"Has he begun
To strike the tone?
Is this the Master! . . . who plays . . . yet, disdains? . . ."

III

Byłem u Ciebie w te dni, Fryderyku!
Którego ręka, dla swojej białości
Alabastrowej – i wzięcia, i szyku,
I chwiejnych dotknięć jak strusiowe pióro –
Mięszała mi się z klawiaturą
Z słoniowej kości . . .
I byłeś jako owa postać, którą
Z marmurów łona,
Niźli je kuto,
Odejma dłuto
Geniuszu – wiecznego Pigmaliona!

IV

A w tym, coś grał – i co? zmówił ton – i co? powié,
Choć inaczej się echa ustroją,
Niż gdy błogosławiłeś sam ręką Swoją
Wszelkiemu akordowi –
A w tym, coś grał, taka była prostota
Doskonałości Peryklejskiej,
Jakby która starożytna Cnota
W dom modrzewiowy – wiejski – –
Wchodząc, rzekła do siebie:
„Odrodziłam się w Niebie
I stały mi się Arfą – wrota,
Wstęgą – scieżka . . .
Hostię, przez blade widzę zboże . . .
Emanuel już mieszka
Na Taborze!"

III

I visited you in those days, Frédéric!
Whose hand . . . with its alabaster
Whiteness – and manners, and chic,
Its swaying touches like an ostrich plume –
Fused in my eyes with the keyboard
Of elephant tusk . . .
And you were that form, which
From marble's bosom,
Still uncarved,
With chisel withdrawn,
By the genius – eternal Pygmalion!

IV

In what you played – and what? asked the tones, what?
Though echoes will strum differently,
Than when you blessed with Your Own hand
Every chord –
In what you played, was the simplicity
Of Periclean perfection,
As if some Virtue of antiquity,
Entering a larch-wood country manor –
Said to herself:
"I was reborn in Heaven
Its gates became – my Harp,
Its path – my ribbon . . .
The Host – through the pale wheat I see . . .
And Emmanuel already dwells
On Mount Tabor!"

V

I była w tym Polska – od zenitu
Wszechdoskonałości Dziejów
Wzięta pieśnią zachwytu –
– Polska – *przemienionych kołodziejów*!
Taż sama – zgoła
Złoto-pszczoła . . .
(Poznał-ci-że-bym ją – na krańcach bytu! . . .)

VI

I – oto – pieśń skończyłeś – i już więcéj
Nie oglądam Cię – – jedno – słyszę:
Coś? . . . jakby spór dziecięcy –
– A to jeszcze kłócą się klawisze
O niedośpiewaną chęć:
I trącając się z cicha
Po ośm – po pięć –
Szemrzą: „*począłże grać? czy nas odpycha?* . . .”

VII

O Ty! – co jesteś Miłości-profilem,
Któremu na imie *Dopełnienie*;
Te – co w Sztuce mianują Stylem,
Iż przenika pieśń, kształci kamienie . . .
O! Ty – co się w dziejach zowiesz: *Erą*,
Gdzie zaś ani historii zenit jest,
Zwiesz się razem: *Duchem i Literą*,
I *consummatum est* . . .
O! Ty . . . *Doskonałe-wypełnienie*,
Jakikolwiek jest Twój i gdzie? . . . znak . . .

V

And in this was Poland – from its zenith

Through Ages' all-perfection,

Captured in songs of rapture –

– That Poland – *of wheelwrights transfigured into kings*!

The very same – indeed

A golden-bee . . .

(Recognize it I would, at the limits of existence! . . .)

VI

And – thus – you've ended your song – and no more

Do I see you – – merely – hear:

Something? . . . like children quarreling –

– These are the keys of the piano wrangling

For their not-fully-sung wish:

And nudging each other in soft strains

By eight – by five –

They whisper: *"has he begun to play? or does he disdain us? . . ."*

VII

O You! – who are Love's profile,

Whose name is *Fulfillment*;

The one – that in Art they call Style,

For it infuses song, chisels stone . . .

O! You – who through the ages bear the name: *Era*,

Even in times that aren't history's zenith,

You are named both: *Spiritus et Littera*,

And *consummatum est* . . .

O! You – *Consummate-completion*,

Whatever is Your sign . . . and where?

Czy w *Fidiasu*? *Dawidzie*? czy w *Szopenie*?
Czy w *Eschylesowej* scenie? . . .
Zawsze – zemści się na tobie: BRAK . . . !
– Piętnem globu tego, niedostatek:
Dopełnienie? . . . go boli! . . .
On – *rozpoczynać* woli
I woli wyrzucać wciąż przed się – zadatek!
– Kłos? . . . gdy dojrzał – jak złoty kometa –
Ledwo że go wiew ruszy,
Pszenicznych ziarn dészcz prószy –
Sama go doskonałość rozmieta . . .

VIII

Oto patrz – Fryderyku! . . . to – Warszawa:
Pod rozpłomienioną gwiazdą
Dziwnie jaskrawa – –
– Patrz, organy u Fary; patrz! Twoje gniazdo –
Ówdzie – patrycjalne domy stare
Jak *Pospolita-rzecz*,
Bruki placów głuche i szare
I Zygmuntowy w chmurze miecz.

IX

Patrz! . . . z zaułków w zaułki
Kaukaskie się konie rwą,
Jak przed burzą jaskółki,
Wyśmigając przed pułki –
Po *sto* – po *sto* – –
Gmach – zajął się ogniem, przygasł znów,
Zapłonął znów – – i oto – pod scianę –

Be it in *Phidias*? in *David*? or *Chopin*?
Or in an *Aeschylus* scene? . . .
Always – you'll be revenged by: NOT ENOUGH . . . !
– Privation is this globe's stigma:
Fulfillment? . . . pains it! . . .
It – prefers *ever to begin*
Prefers always to pay – a deposit!
– An ear of wheat? . . . when ripe – a golden comet –
When barely moved by the breeze,
It sprays the rain of its wheaten seeds –
Its own perfection scatters it . . .

VIII

Look then – Frédéric! . . . this is – Warsaw:
Under a flaming star
Strangely brilliant – –
– Look, the organs at St. John's! Your nest –
There – old patrician homes
Like the *Publica-Res*,
The squares' cobbles dull and gray,
And King Sigismund's sword in clouds.

IX

Look! . . . from alleys to alleys
Caucasian horses tear forth,
Like swallows before a storm,
Ahead of their brigades –
Hundred – by hundred – –
A house – engulfed by fire, which dims,
Flares up again – – and here – by a wall –

Widzę czoła ożałobionych wdów
Kolbami pchane – –
I znów widzę, acz dymem oślepian,
Jak – przez ganku kolumny –
Podobny sprzęt do trumny
Wydźwigają . . . runął . . . runął – Twój *fortepian*!

X

Ten! . . . co Polskę głosił – od zenitu
Wszechdoskonałości Dziejów
Wziętą – hymnem Zachwytu;
Polskę – przemienionych kołodziejów –
Ten sam – runął – na bruki – z granitu!
– I oto, jak zacna myśl człowieka,
Potérany jest gniéwami ludzi,
Lub *jak – od wieka*
Wieków – wszystko, co zbudzi!
I – oto – jak ciało Orfeja,
Tysiąc pasji rozdziera go w części;
A każda wyje: „*nie ja!* . . .
Nie ja!" – zębami chrzęści –

*

Lecz Ty? – lecz ja? – uderzmy w sądne pienie,
Nawołując: „*Ciesz się, późny wnuku!* . . .
Jękły głuche kamienie:
Ideał – sięgnął bruku – –"

I see widows' mourning brows
Pushed by rifle butts – –
And again I see, though blinded by smoke,
As – through a balcony's columns –
A coffin-likened object
They heave . . . it tumbled . . . tumbled – your *grand piano*!

X

The very one! . . . that proclaimed Poland
– From the zenith of Ages' all-perfection
Captured – in hymns of Rapture;
That Poland – of transfigured wheelwrights –
That same piano – cast – on a street of granite!
– And so it is, like man's noble thought,
Besullied by men's wrath,
Or, *so it is – ever and evermore –*
With all that will awaken!
And – thus – as Orpheus' body,
A thousand passions tear it into shreds;
And each one howls: "*Not I!* . . .
Not I!" – grating her teeth –

*

But You? – but I? – let's break into judgment chant,
And exhort: "*Rejoice, our grandson yet to come!* . . .
The dull stones groaned:
The Ideal – has reached the street – –"

MOJA PIOSNKA [I]

Pol.– I'll speak to him again.
Ham. – Words, words, words!

Źle, źle zawsze i wszędzie,
Ta nić czarna się przędzie:
Ona za mną, przede mną i przy mnie,
Ona w każdym oddechu,
Ona w każdym uśmiechu,
Ona we łzie, w modlitwie i w hymnie . . .

*

Nie rozerwę, bo silna,
Może święta, choć mylna,
Może nie chcę rozerwać tej wstążki;
Ale wszędzie – o! Wszędzie –
Gdzie ja będę, tam będzie:
Tu – w otwarte zakłada się książki,
Tam u kwiatów zawiązką,
Owdzie stoczy się wąsko,
By jesienne na łąkach przędziwo,
I rozmdleje stopniowo,
By ujednić na nowo,
I na nowo się zrośnie w ogniwo.

*

MY SONG (I)

Polonius – I'll speak to him again.
Hamlet – Words, words, words!

Oh, sorrow, sorrow from end to beginning,
The black thread is spinning:
It's behind, it's ahead, and it's with me,
I breathe, and it's there,
I smile, and it's here,
In my prayer, my hymn, and my tear . . .

*

I can't rip it – it's strong,
Perhaps holy, though wrong,
Perhaps I've no wish to tear this ribbon;
Yet, from end to beginning –
Where I am, it will be:
Open a book – here it's self-bidden,
There – binds posy of flowers,
Elsewhere it narrows,
Like autumn's threads of gossamer,
Swooning slowly apart,
To unite again,
And become a link in a chain.

*

Lecz, nie kwiląc jak dziecię,
Raz wywalczę się przecie.
Niech mi puchar podadzą i wieniec! . . .
I włożyłem na czoło,
I wypiłem, a wkoło
Jeden mówi drugiemu: „Szaleniec!!"

*

Więc do serca o radę
Dłoń poniosłem i kładę,
Alić nagle zastygnie prawica;
Głośno śmieli się oni,
Jam pozostał bez dłoni,
Dłoń mi czarna obwiła pętlica.

*

Źle, źle zawsze i wszędzie,
Ta nić czarna się przędzie:
Ona za mną, przede mną i przy mnie,
Ona w każdym oddechu,
Ona w każdym uśmiechu,
Ona we łzie, w modlitwie i w hymnie.

*

Lecz, nie kwiląc jak dziecię,
Raz wywalczę się przecie;
Złotostruna, nie opuść mię, lutni!

But, enough of child's wail,
I shall vanquish someday.
Hand me a trophy and hand me a wreath! . . .
Which I lay on my brow,
And a toast I drink, but around
To each other they say: "He's insane!!"

*

My right hand I let rise
To my heart, to advise me,
Lo, my palm suddenly froze there:
While they hooted and sneered,
My hand disappeared,
As it lies bound in black snare.

*

Oh, sorrow, sorrow from end to beginning,
The black thread is spinning:
It's behind, it's ahead, and it's with me,
I breathe, and it's there,
I smile, and it's here,
In my prayer, my hymn, and my tear.

*

But, enough of child's wail,
I shall vanquish someday;
Lute's gold string, leave me not, I implore!

Czarnoleskiej ja rzeczy
Chcę – ta serce uleczy!
I zagrałem . . .
        . . . i jeszcze mi smutniéj.

Pisałem we Florencji 1844 r.

I want the Czarnolas matter
To heal my heart's flutter!
So I played . . .

       . . . yet I grieved even more.

I wrote this in Florence in 1844.

JESIEŃ

O – ciernie deptać znośniej – i z ochotą
        Na dzid iść kły,
Niż błoto deptać, *ile z łez to błoto*
        A z westchnień mgły . . .

*

Tęczami pierwej niechże w niebo spłyną
        Po złotszy świt –
Niech chorągwiami wrócą – a z nowiną
        Na cało-kwit.

*

Bo ciernie deptać słodziej – i z ochotą
        Na dzid iść kły
Niż błoto deptać, *ile z łez to błoto*
        A z westchnień mgły . . .

Paryż 1849

AUTUMN

Oh – easier to tread on thorns – and agog
        Walk onto spikes of spears,
Than tread on mud *if it's all of tears*
        Of sighs is the fog . . .

*

Let them first flow with rainbows heavenward
        For a more golden dawn –
Let them return with banners – and with the word –
        To blossoms full-grown.

*

For 'tis sweeter to tread on thorns – and agog
        Walk onto spikes of spears,
Than tread on mud *if it's all of tears*
        Of sighs is the fog . . .

Paris, 1849

FRASZKA(!) I

What man dost thou dig it for? ...

Hamlet

1

– Jeśli ma Polska pójść nie drogą mléczną
W cało-ludzkości gromnym huraganie,
Jeżeli ma być nie *demokratyczną*,
To niech pod carem na wieki zostanie!

2

– Jeśli mi Polska ma być *anarchiczną*,
Lub socjalizmu rozwinąć pytanie,
To już ja wolę tę panslawistyczną,
Co pod Moskalem na wieki zostanie!

3

Tu oba dłońmi uderzą w kolana,
Aż się poruszył stół, za stołem ściana,
Aż się oberwał z gwoździem krzyż gipsowy
I padł, jak śniegu garść ...

... Koniec rozmowy.

Wersal, 1850

86

EPIGRAM(!) I

What man dost thou dig it for? . . .

Hamlet

1

– If Poland is not to enter the Milky Way
In all-mankind's thundering hurricane,
If she is not to be *democratic*,
May she for ever the Tsar's remain!

2

– If Poland is to be *anarchic*,
Or expound on socialism's domain,
I would rather see her as pan-Slavic,
For ever the Muscovite's remain!

3

Here the two slap their knees,
Even the table moves, as does the wall,
And the plaster cross, its nail torn off,
Thus falls, like a fistful of snow . . .

. . . End of discourse.

Versailles, 1850

FRASZKA(!) II

Dewocja krzyczy: „Michelet wychodzi z Kościoła!"
Prawda; Dewocja tylko tego nie postrzegła,
Że za kościołem *człowiek* o ratunek woła,
Że kona – że ażeby krew go nie ubiegła,
To ornat drze się w pasy i związuje rany.

*

A faryzeusz mimo idzie zadumany . . .

1851

EPIGRAM(!) II

"Michelet is leaving the Church!" Bigotry shouts.
True; but Bigotry doesn't care that
Behind the church *a man* cries for help,
That he is dying – so to stop blood loss, into ties
A chasuble is torn, the wounds to dry.

*

While lost in thought a Pharisee walks by . . .

1851

BEMA PAMIĘCI ŻAŁOBNY-RAPSOD

. . . Iusiurandum patri datum
usque ad hanc diem ita servavi . . .

Annibal

I

Czemu, Cieniu, odjeżdżasz, ręce złamawszy na pancerz,
Przy pochodniach, co skrami grają około twych kolan? –
Miecz wawrzynem zielony i gromnic płakaniem dziś polan,
Rwie się sokół i koń twój podrywa stopę jak tancerz.
– Wieją, wieją proporce i zawiewają na siebie,
Jak namioty ruchome wojsk koczujących po niebie.
Trąby długie we łkaniu aż się zanoszą, i znaki
Pokłaniają się z góry opuszczonymi skrzydłami,
Jak włóczniami przebite smoki, jaszczury i ptaki . . .
Jako wiele pomysłów, któreś dościgał włóczniami . . .

II

Idą panny żałobne: jedne, podnosząc ramiona
Ze snopami wonnymi, które wiatr w górze rozrywa;
Drugie, w konchy zbierając łzę, co się z twarzy odrywa,
Inne, drogi szukając, choć *przed wiekami zrobiona* . . .
Inne, tłukąc o ziemię wielkie gliniane naczynia,
Czego klekot w pękaniu jeszcze smętności przyczynia.

III

Chłopcy biją w topory pobłękitniałe od nieba,
W tarcze rude od świateł biją pachołki służebne,

TO BEM'S MEMORY – A FUNERAL RHAPSODY

. . . Iusiurandum patri datum
usque ad hanc diem ita servavi . . .

. . . The oath given to my father I have kept to this day . . .
Hannibal

I

Why depart, O Shadow, arms folded on armor,
While torches play with their sparks round your knees? –
Your sword greened with laurel, wet from candles' weeping,
A falcon takes flight, your horse raises its hoof like a dancer.
– Pennants sway, sway, be-swaying each other,
Like mobile tents of armies encamped in the skies.
Long trumpets choking with sobs, and banners
Bow with their wings down-cast from above,
Like spear-pierced dragons, lizards, and birds . . .
Like scores of theories you seized with your spears . . .

II

Maidens in mourning are walking: some raise in their arms
Fragrant sheaves that the wind tears apart high above;
Others collect in conches each tear that falls from each face,
Others, still seek the road *built ages ago* . . .
Others smash to the ground large vessels of clay,
Whose clatter, while cracking, engenders distress.

III

Boys strike with their axes blued by the sky,
Soldier youths bang shields russet from lights;

Przeogoromna chorągiew, co się wsród dymów koleba,
Włóczni ostrzem o łuki, rzekłbyś, oparta pod-niebne . . .

IV

Wchodzą w wąwóz i toną . . . wychodzą w światło księżyca
I czernieją na niebie, a blask ich zimny omusnął,
I po ostrzach, jak gwiazda spaść nie mogąca, prześwieca,
Chorał ucichł był nagle i znów jak fala wyplusnął . . .

V

Dalej – dalej – aż kiedy stoczyć się przyjdzie do grobu
I czeluście zobaczym czarne, co czyha za droga,
Które aby przesadzić Ludzkość nie znajdzie sposobu,
Włócznią twego rumaka zeprzem, jak starą ostrogą . . .

VI

I powleczem korowód, smęcąc *ujęte snem grody,*
W bramy bijąc urnami, gwizdając w szczerby toporów,
Aż się mury Jerycha porozwalają jak kłody,
Serca zemdłałe ocucą – pleśń z oczu zgarną narody . . .
. . . .
Dalej – dalej – –

A banner, enormous, that sways in the smoke,
The point of its spear, you'd say, leans on sky's dome . . .

IV

They enter a gorge and descend . . . then emerge into moonlight,
Turn black 'gainst the sky and are brushed with cold glitter,
Which like a star, unable to fall, skims their blades.
Their chorus went silent, then splashed out like a wave . . .

V

On – and on – till it's time to tumble into the grave
That lurks 'cross the road, and black chasms open before us,
Which to traverse Mankind will find no way,
We'll use a spear like on old spur to push your steed there . . .

VI

And we'll drag the cortege, troubling *slumbering forts,*
Hitting their gates with urns, whistling through notches in axes,
Till Jericho's walls go tumbling like logs,
Swooned hearts will revive – nations clear mold from their eyes . . .
. . . .
On – and on – –

SIŁA ICH

Fraszka

Ogromne wojska, bitne generały,
Policje – tajne, widne i dwu-płciowe –
Przeciwko komuż tak się pojednały? –
Przeciwko kilku myślom . . . co nie nowe . . . !

THEIR POWER

An Epigram

Immense armies, generals bold,
Police – covert, overt, of both sexes –
'gainst whom are these aggressors? – –
A few ideas . . . that aren't new but old . . . !

Z POKŁADU "MARGUERITY" WYPŁYWAJĄCEJ *DZIŚ* DO NEW-YORK

Londyn, 1852, decembra 11, godzina 10 rano

I

Cokolwiek słońca w żaglach się prześwieca,
Omuska maszty lub na fale s-pryska:
Mgły nikną niby *zasłona kobieca*,
Obłoki widać za nią jak *zwaliska*! . . .

II

„Czemu zwaliska? i czemu zasłona?
Czemu niewieścia? . . ." – krytyk niech już pyta
I niech oskarza Muzę, że zmącona
W harmonii-pojęć-swoich ta kobiéta –

III

Ja – nie wiem . . . widzę, i rzecz kreślę smutno,
Jakbym był jednym z ciągnących żurawi,
Co cień swój wiodą przez masztowe płótno,
Nie myśląc, czy stąd obraz się zostawi! . . .

IV

Ja nie wiem . . . *końca*, nigdy nie wiem może,
Lecz . . .

      (tu mi przerwał sternik)

            . . . szczęść *wam* Boże . . .

FROM THE DECK OF "MARGARET EVANS" SAILING *TODAY* TO NEW YORK

London, December 11, 1852, 10:00 a.m.

I

Whatever sunlight plays on the sails,
Brushes the masts or s-prays the waves;
Fog recedes like a *woman's veil,*
Clouds behind it resemble *mounds of rubble*! . . .

II

"Why rubble? and why veil?
Why a woman's . . . ?" – let a critic ask
And blame the muse, for clouded
Is this woman's harmony-of-mind –

III

I – don't know . . . I watch, limn the matter sadly,
As if I were one of the cranes in flight,
That draw their shadow 'cross the canvas-on-masts,
Not considering whether their image will come from that! . . .

IV

I don't know . . . the ending, perhaps I'll never know,
But . . .

      (here the helmsman cut me short)

             . . . *fair winds*, O Lord . . .

QUIDAM

I

Przypłynął młodzian z górnego Epiru
Do miasta Regium, na rzymskim okręcie;
Grek był, lecz matki ród się wiódł z Iliru;
Krwi też dwoistej wzajem przeniknięcie
Na twarzy jego dostrzec można było,
W sposób, iż profil z greckich miał medali,
A w oczy patrząc: skroń nabrzmiałą siłą,
I włos mniej ciemny – i usta z korali.
Z Regium, jak długi brzeg, ku Puteoli
W konnej i gwarnej jechał karawanie.
Czas to był, kiedy z imperialnej woli
Poczęto wielkie o drogach staranie,
I częste mosty, z gładkiego kamienia,
Skałę ze skałą wiązały ogniwem –
I różni ludzie, i różne cierpienia
Żelazem granit obrabiały krzywem:
Adryjan, cesarz w sztuce wszelkiej biegły,
Doglądać lubił kamienie i cegły.
Od Puteoli, po appijskim bruku,
Epirski młodzian zdążał już do Komy,
A Romę marzył do łuku
Tryumfalnego, którego ogromny
U samych niebios swój początek biorą,
Lub samych niebios stał się podporą.
Wszakże on jeden z całej karawany
Marzył – gdy inni toczyli rozmowę,
Jak świat na nowo został popisany?

QUIDAM

I

A youth came ashore from upper Epirus
To the city of Regium, on a Roman galleon;
A Greek, but his mother's kin hailed from Ilir;
The intermingling of two bloodlines
You could thus see on his face,
And his profile likened to Greek coins,
Tracing his eyes: his brow full of power,
And hair less dark – and lips of coral.
From Regium, along the coast, toward Puteoli
He traveled in a noisy horse-drawn caravan.
It was the time when under imperial will
Building of the roads began,
Of frequent bridges, in smooth stone,
Rock upon rock pointed with mortar –
And many people, and much torment
Shaped granite with bended iron:
Adept in all arts, Emperor Hadrian
Relished the movement of bricks and stones.
From Puteoli, on the Appian pavement,
The Epirian youth proceeded to Koma,
He dreamed of Rome, its Arch
Triumphal, whose vastness
Originates in the very skies,
Even upheld those skies once upon a time.
Truly he alone in the whole caravan
Dreamed – while others deliberated,
How had their world been rewritten?

O ile prawo carskie lub ludowe? –
Gdzie: w wstępnym Rynku albo w Trastubernae –
Osły i konie zanocować wierne? –
Jest coś wśród wielkich miast i naokoł,
Zwłaszcza pod wieczór, zwłaszcza dla pielgrzyma,
Co wypogadza lub zachmurza czoło,
Ziejąc nań niby westchnienie olbrzyma –
Jest coś w tym szemrze, co pierwszy dolata,
Skoro się miejskich bram rozemknie krata.
To coś – Epirczyk nasz poczuwał w chwili,
Kiedy się kupcy z celnikiem wadzili
O jucznych osłów porządek zmięszany –
O kilka asów na lampę u ściany.
Nareszcie w miasto weszła karawana,
Wielkimi jak chmura i leniwa,
Raz jeszcze widzieć dając twarz młodziana,
Gdzie się ulica okręcała krzywa,
A strażnik z włócznią stojący brązową:
„Ktoś jest?” – latyńską zapytywał mową,
„Syn Aleksandra z Epiru” – i dalej
Osły a konie szły – i znów pytali.

* *

IV

Pomiędzy świtem a nocy zniknięciem
Płomienne blaski różowe z mrokami
Walczą, jak Cnota z *świata-tego* Księciem –
Mdławe,lecz ufne, choć wciąż je coś mami.
Pomiędzy świtem a nocą jest chwila,
Gdy hoże łuny z czarnymi krepami

How much by imperial law, how much by the people? –
Where: at the Market entry or in Trastubernae –
To put up for the night our faithful donkeys and horses?
There is something midst great cities and their environs
– Specially in the evening, specially for a pilgrim –
That darkens or smooths his brow,
Breathing upon him the sigh of a giant –
There's something in the whisper that first arrives
The moment the city's gridlike gates are unlocked.
This something – our Epirian sensed right then,
While merchants haggled with the customs men
About the pack-donkeys' jumbled order –
Trade a few aurei for a lamp on a wall.
Finally entering the city, the caravan,
Sluggish and vast like a cloud,
Once again the youth's face came into view
Where a crooked street took a turn,
And a guard stood with a bronze harpoon:
"Who art thou?" asked he in his Latin tongue,
"The son of Alexander of Epirus" – and moved on
The donkeys, the horses – and the questioning began again.

* *

IV

Between dawn and dispersion of night
Pink-flaming light wrestles with darkness
Like Virtue with *this-world's* Evil Prince –
Dim, yet sanguine, though ever beguiled.
Between dawn and night is an instant,
When brisk radiance draped in black crepe

Błądzą, aż bystry promień je przesila.
Ostatnia gwiazda wtedy w niebo tonie,
A słońce rude swe wynosi skronie –
I periodyczna pamiątka *stworzenia*
Wciąż od *Pańskiego* kreśli się skinienia.
– Pod taką dobę do swojej gospody
Syn Aleksandra z Epiru powraca.
Wszedł i dwa palce przyłożył do brody:
Drgnął, błędną ręką płaszcz na sobie maca;
Co gęstsze zwoje, to otrząsnął lepiej –
I wybiegł krokiem niepewnym, jak ślepi.
Niewiasta, za nim patrząc z korytarza,
Etruskiej lampy knot podjęła iglą
I poruszyła oliwę zastygłą,
Mrucząc: „Czy mieszek? drachmę? nie uważa!"
Tak szepcąc, w ciemność kątów pozierała,
I szła, i milkła, i znów coś szeptała.

Roams about till a bright ray defeats it.
The last star in the heavens then drowns,
While the sun raises its russet brows –
And *creation's* recurrent memento
Is ever moved by the *Lord's* beckoning.
– At such a time Alexander's son
To his household from Epirus was returning.
With two fingers resting on his beard, he entered:
He quivered, his hand fumbling through his coat;
Then shaking out its thicker folds –
He ran out with stuttering steps, like a blind man's.
A woman, watching him from the hall,
Raised the wick in an Etruscan lamp
With a needle and stirred the cooled oil,
Murmuring: "A purse? drachma? doesn't see it!"
Thus whispering, into dark corners she glimpsed,
And walked on, and hushed, and again she whispered.

[COŚ TY ATENOM ZROBIŁ, SOKRATESIE ...]

I

Coś ty Atenom zrobił, Sokratesie,
Że ci *ze złota statuę* [1] lud niesie,
Otruwszy pierwej? ...

Coś ty Italii zrobił, Alighiery,
Że ci *dwa groby* [2] stawi lud nieszczery,
Wygnawszy pierwej? ...

Coś ty, Kolumbie, zrobił Europie,
Że ci *trzy groby we trzech miejscach* [3] kopie,
Okuwszy perwej? ...

Coś ty uczynił swoim, Camoensie,
Że *po raz drugi* [4] grób twój grabarz trzęsie,
Zgłodziwszy pierwej? ...

Coś ty, Kościuszko, zawinił na świecie,
Że *dwa cię głazy we dwu stronach gniecie*, [5]
Bez miejsca pierwej? ...

---

1 *Sokratesowi* w kilka czasów po śmierci jego Ateńczycy statuę ze złota postawili. [Ten i następne przypisy pochodzą od poety].
2 *Dante* grzebany w Rawennie i we Florencji.
3 *Krzysztof Kolumb* jest grzebany w Hiszpanii, w St. Domingo i w Hawanie.
4 Cztery lata temu szukano na cmentarzu komunalnym, gdzie był pochowany jednooki beznogi żebrak, żeby *Camoensa* pochować.
5 *Kościuszko* leży w Solurze i w Krakowie.

WHAT HAVE YOU DONE TO ATHENS, SOCRATES . . .

I

What have you done to Athens, Socrates,
That people gave you *a golden statue,* [1]
Poisoning you first? . . .

What have you done to Italy, Alighieri,
That *two graves* [2] were dug for you by hypocrites,
Banishing you first? . . .

What have you done to Europe, oh, Columbus,
That she dug *three graves* for you *in three places,* [3]
Shackling you first? . . .

What have you done to your people, Camões,
That grave diggers disturbed your grave *twice,* [4]
Starving you first? . . .

What crimes, Kościuszko, did you commit 'gainst the world,
That it tramps upon your *tombstones in two different places,* [5]
Rendering you homeless first? . . .

---

1 Some time after *Socrates'* death, Athenians raised for him a statue of gold. [This and the following annotations are the poet's.]
2 *Dante* is buried in Ravenna and in Florence.
3 *Christopher Columbus* is buried in Spain, in Santo Domingo, and in Havana.
4 Four years ago a place was searched in a communal cemetery where a one-eyed, legless beggar had been buried, to bury *Camões* there.
5 *Kościuszko* lies in Solothurn and in Kraków.

Coś ty uczynił światu Napolionie,
Że cię *w dwa groby*[6] zamknięto po zgonie,
Zamknąwszy pierwej? . . .

Coś ty uczynił ludziom, Mickiewiczu? . . .
. . . .
. . . .

2

Więc mniejsza o to w jakiej spoczniesz urnie,
Gdzie? kiedy? w jakim sensie i obliczu?
Bo grób Twój jeszcze odemkną powtórnie,
Inaczej będą głosić Twe zasługi
I łez wylanych dziś będą się wstydzić,
A lać ci będą łzy *potęgi drugiéj*
Ci, co człowiekiem nie mogli Cię widziéć . . .

3

Każdego z takich jak Ty *świat* nie może
Od razu przyjąć na spokojne łoże,
I nie przyjmował *nigdy, jak wiek wiekiem,*
Bo glina w glinę wtapia się bez przerwy,
Gdy przeczne ciała zbija się aż ćwiekiem
Później . . . lub pierwéj . . .

Pisałem w Paryżu 1856 r., w styczniu

---

6 *Napoleona* drugi pogrzeb niedawny.

What have you, Napoléon, done to the world,
That they locked you in *two tombs* [6] upon your death,
Locking you up first? . . .

What have you, Mickiewicz, done to your people? . . .
. . . .
. . . .

2

The kind of urn counts little, where you're laid to rest,
Where? when? with what visage, in what sense?
For they'll open your grave a second time,
Proclaim your merits in a different way,
Ashamed today of tears shed yesterday;
Those not seeing the human in you
Will now shed tears *to the power of two* . . .

3

Each one, like you, *the world* cannot
Admit right away to a peaceful plot
Nor, *old as it is, did it ever*,
For clay unto clay seeps unceasing,
While opposing bodies are nailed together
Later . . . or sooner . . .

I wrote this in Paris in January 1856.

---

6 There was recently a funeral for *Napoléon*.

SPARTAKUS

Ubi defuit orbis . . .

1

Za drugą, trzecią, skonów metą
Gladiator rękę podniósł swą:
    „To – nie to – krzycząc – *Siła*, nie to,
    To nie to *Mądrość*, co dziś zwą . . .
Sam Jowisz mi niegroźny więcej,
Minerwa sama z siebie drwi:
Wam – widzów dwakroć sto tysięcy –
Co dzień już trzeba łez i krwi . . .
Przyszliście, drżąc i wątpiąc razem,
Gdzie *dusza* wietrzyć i gdzie *moc*? . . .
A my wam – księgą i obrazem,
A głos nasz ku wam – pocisk z proc.
    – Przyszliście, drżąc i wątpiąc razem:
    Cała już światłość wasza – *noc!*"

2

Za drugą, trzecią, skonów metą
Gladiator rękę podniósł swą:
    „To – nie to – krzycząc – *Miłość*, nie to,
    To nie to *Przyjaźń*, co dziś zwą . . .
Z Kastorem Polluks, druhy dawne,
W całusach sobie wierność klną;
A Wenus włosy ma przyprawne,
Rumieńce z potem w maść jej lgną . . .
– Siedliście, głazy, w głazów kole,

SPARTACUS

Ubi defuit orbis . . .
When the world failed us . . .

I

At the demise – its second, third relay
The gladiator raised his hand:
    "This – is not" – he shouted – "*Strength*, it is not,
    This is not *Wisdom*, as it's called today . . .
Jovis himself threatens me no more,
Minerva thinks of herself with scorn.
You – spectators, scored twice a hundred thousand –
Are every day in need of blood and tears . . .
You came, trembling and doubting, both,
To sniff out where the *soul* is, where the *might*? . . .
While we're to you – a book and image,
Our voice toward you – a slingshot missile.
    – You came, trembling and doubting, both:
    All your brightness now – is *night*!"

2

At the demise – its second, third relay
The gladiator raised his hand:
    "This – is not" – he shouted – "*Love*, it is not,
    This is not *Friendship*, as it's called today . . .
Castor and Pollux, friends of yore,
With kisses their allegiance swore;
While Venus wears her phony hair,
Her blushes stuck with sweat in facial oil . . .
– You sat, you stones, in circle of stones,

Aż mchu porośnie na was sierć:
I dusza wasza – nasze-bole,
I ciałem waszym – naszych-ćwierć.
　　　– Siedliście, głazy, w głazów kole:
　　　Całe już życie wasze – *śmierć*!"

Pisałem 1857

'Til mosslike fur has spread over you:
And your soul – our pains-and-moans,
And your body – our bodies-quartered.
 – You sat, you stones, in circle of stones:
 Now your whole life – is *death*!"

        I wrote this in 1857

DO OBYWATELA JOHNA BROWN

(*Z listu pisanego do Ameryki w 1859, listopada*)

Przez Oceanu ruchome płaszczyzny
Pieśń Ci, jak *mewę*, posyłam, o! Janie . . .

Ta lecieć długo będzie do ojczyzny
Wolnych – bo wątpi już: czy ją zastanie? . . .
– Czy też, jak promień Twej zacnej siwizny,
Biała – na puste zleci rusztowanie:
By kata Twego syn rączką dziecinną
Kamienie ciskał na mewę gościnną!

*

Więc, niźli szyję Twoją obnażoną
Spróbują sznury, jak jest nieugięta;

Więc, niźli ziemi szukać poczniesz piętą,
By precz odkopnąć planetę spodloną –
A ziemia spod stóp Twych, jak płaz zlękniony,
Pierzchnie –
              więc, niźli rzekną: „Powieszony . . .” –
Rzekną i pojrzą po sobie, czy kłamią? – –

Więc, nim kapelusz na twarz Ci załamią,
By Ameryka, odpoznawszy syna,
Nie zakrzyknęła na gwiazd swych dwanaście:
„Korony mojej sztuczne ognie zgaście,
Noc idzie – czarna noc z twarzą Murzyna!”

TO CITIZEN JOHN BROWN

(From a letter written to America in 1859, in November)

Over the Ocean's undulant plain
A song, like a *seagull*, I send you, o! John . . .

To the land of the free maybe in vain
It will fly – for it doubts: is that land gone? . . .
– Or, like a ray of your hair gray and noble
White – on an empty scaffold will land:
So Your hangman's son, with his little boy's hand,
At the visitor gull will throw stones!

*

Thus, ere the ropes will test your bare neck
To find it remains unyielding;

Thus, ere you seek the ground with your heel,
To kick the disgraced planet aside –
And the earth under Your feet, like a panicked reptile
Shall flee –
              thus, ere they'll say: "He's hanged . . ." –
They'll say and stare, are lies being told? – –

Thus, o'er your face a hat they fold,
So America, disavowing her son,
To its twelve stars wouldn't shout:
"Douse the fireworks on my crown,
Night's coming – a black night with a Black man's face!"

*

Więc, nim Kościuszki cień i Waszyngtona
Zadrży – *początek pieśni* przyjm, o! Janie . . .

Bo pieśń nim dojrzy, człowiek nieraz skona,
A niźli skona pieśń, naród pierw wstanie.

*

Thus, before Kościuszko's shadow and Washington's
Will tremble – accept *the first bars of this song,* o! John . . .

Before the song matures, man will die again,
Yet ere the song dies, people will rise.

WCZORA-I-JA

Oh! Smutna to jest i mało znajoma
Głuchota –
Gdy Słowo słyszysz – ale ginie *koma*
I *jota* . . .

*

Bo anioł woła . . . a oni Ci rzeką:
„*Zagrzmiało!*"
Więc trumny na twarz załamujesz wieko
Pod skałą.

*

I nie chcesz krzyknąć: „Eli . . . Eli . . ." – czemu?
– Ach, Boże! . . .
Żagle się wiatru liżą północnemu,
Wre morze.

*

W uszach mi szumi (a nie znam z teorii,
Co burza?),
Więc śnię i czuję, jak się tom historii
Z-marmurza . . .

26 (27?) décembre 1860

YESTERDAY-AND-I

Oh! How sad and little known
Is deafness –
When you hear the Word – but lose the *comma*
And *iota* . . .

*

The angel calls . . . but they'll just say:
"Ah, thunder!"
So you slide a coffin lid over your face
Under a boulder.

*

You don't want to exclaim: "Eli . . . Eli . . ." – why?
O God! . . .
The sails yield to the northern wind,
The sea seethes.

*

In my ears a roar (not theory – don't I know
A storm?),
So I dream and sense that history's tome
Turns marble-hard . . .

December 26 (27?), 1860

[DAJ MI WSTĄŻKĘ BŁĘKITNĄ . . .]

*

Daj mi wstążkę błękitną – oddam ci ją
Bez opóźnienia . . .
Albo daj mi cień twój z giętką twą szyją:
– Nie! Nie chcę cienia.

**

Cień zmieni się, gdy ku mnie skiniesz ręką,
Bo on nie kłamie!
Nic od ciebie nie chcę, śliczna panienko,
Usuwam ramię . . .

***

Bywałem ja od Boga nagrodzonym,
Rzeczą mniej wielką:
Spadłym listkiem, do szyby przyklejonym,
Deszczu kropelką.

GIVE ME A BLUE RIBBON . . .

*

Give me a blue ribbon – I'll return it
Without delay . . .
Or give me the shadow of your supple neck:
– No! Not the shadow, nay.

**

The shadow will shudder, when you beckon me,
For it doesn't lie!
I want nothing from you, young lady of charm,
I withdraw my arm . . .

***

God used to grant me
Much smaller things:
A fallen leaf stuck to a windowpane,
A drop of rain.

MARIONETKI

1

Jak się nie nudzić? gdy oto nad globem
Milion gwiazd cichych się świeci,
A każda innym jaśnieje sposobem,
A wszystko stoi – i leci . . .

2

I ziemia stoi – i wieków otchłanie,
I wszyscy żywi w tej chwili,
Z których i jednej kostki nie zostanie,
Choć będą ludzie, jak byli . . .

3

Jak się nie nudzić na scenie tak małej,
Tak niemistrzowsko zrobionéj,
Gdzie wszystkie wszystkich Ideały grały,
A teatr życiem płacony –

4

Doprawdy nie wiem, jak tu czwilę dobić,
Nudy mię biorą najszczersze;
Co by tu na to, proszę Pani, zrobić,
Czy pisać prozę, czy wiersze? –

5

Czy nic nie pisać . . . tylko w słońca blasku
Siąść czytać romans ciekawy:

MARIONETTES

1

How not to be bored? when above our globe
A million silent stars are shining,
And each is brilliant in a different mode,
And everything is standing – and flying . . .

2

And the earth is standing – so is the chasm of ages,
And all living this moment,
Of them not a single bone will remain,
Though people will be, without change . . .

3

How not to be bored on this small stage
So inexpertly raised,
Where everyone's Ideals are played,
And the theater with life is paid –

4

How to kill these moments, I do not know,
I am so utterly bored;
This question, my lady, I now pose,
To write verses, or pen prose? –

5

Or write nothing . . . just sit in the bright sun
And read a romance for fun:

Co pisał Potop na ziarneczkach piasku,
Pewno dla ludzkiej zabawy (!) –

6
Lub jeszcze lepiej – znam dzielniejszy sposób
Przeciw tej nudzie przeklętéj:
Zapomnieć *ludzi*, a bywać u *osób*,
– Krawat mieć ślicznie zapięty! . . .

1861

What the Deluge wrote on grains of sand,
Surely for the entertainment of man (!) –

6
Or better still – I know a braver action
Against this boredom, so extreme:
Forget *people, visit grandees,*
– Keep my tie neatly fastened! . . .

1861

PO BALU

1

Na posadzkę zapustnej sceny,
Gdzie tańcowało-było wiele mask,
Patrzyłem sam, jak wśród areny,
Podziwiając raz słońca pierwo-brzask.

2

I na jasnej woskiem zwierzchni szyb
Kreślone obuwiem lekkim kręgi –
Czarodziejskich jakoby pisań tryb
Z ziemi do mnie mówił, jak z księgi.

3

Kwiatu listek, upuszczony tam,
Papierową szepnął mi coś wargą,
Wśród salonu pustego sam i sam;
Rosa jemu i świt byłyż skargą?

4

Otworzyłem okna z drżeniem szkła,
Że aż gmachem wstrzęsła moja siła:
Z kandelabrów jedna spadła łza – –
. . . .
Ale i ta jedna – z wosku była!

AFTER THE BALL

1

The grounds of a carnival scene
Where many masks had danced
As if on an arena, I once watched alone,
Admiring the sun's predawn.

2

On the wax-brightened coating,
Drawn by loops of weightless shoes –
The script spoke to me from the floor,
As if in magical writings, a sacred book.

3

A flower's leaf dropped on it
Whispered something to me with a paper lip,
All alone in the empty salon;
Did it complain of the dew and the dawn?

4

I opened the windows and quivered the glass,
My force even shook the building:
From the candelabra fell a tear – –
. . . .
But this one too – was made of wax!

KRZYŻ I DZIECKO

I

„Ojcze mój! twa łódź
Wprost na most płynie –
Maszt uderzy! . . . wróć . . .
Lub wszystko zginie.

II

Patrz! jaki tam krzyż,
Krzyż niebezpieczny –
Maszt, się niesie w-z-wyż,
Most mu poprzeczny –"

III

„ – Synku! trwogi zbądź:
To – znak-zbawienia;
Płyńmy! – bądź co bądź –
Patrz, jak? się zmienia . . .

*

Oto – w szerz i w-z-wyż
Wszystko – toż samo –"

*

„Gdzież się podział *krzyż*? . . ."

*

„Stał się nam *bramą*."

1866

THE CROSS AND THE CHILD

I

"Oh, Dad! your boat
Is headed for the bridge –
The mast will hit it! . . . Turn back . . .
Or all is lost.

II

Look! a cross, that's
A dangerous cross –
The mast, it's upward bearing,
The bridge lies across –"

III

"Oh – son! don't be afraid:
This is – a salvation-sign;
Let's sail on! – at any rate –
Look, how? it's changing . . .

*

Here – upward, a-cross
All's the same – and yet –"

*

"And where is the *cross*? . . ."

*

 "It became our *gate*."

1866

IDĄCEJ KUPIĆ TALERZ
PANI M.

1

Są pokolenia, i miasta, i ludy,
        Smętne i stare –
Które podały nam nie żadne cudy,
        Lecz – garnków parę!

2

W muzeum dama stawa z parsolką
        Przed garnkiem takim;
W Sycylii stąpa (choćby była Polką! . . .),
        Nie wiedząc, na kim! . . .

3

Gdy ludy – których się ani użalisz
        W epok otchłani –
Nikną – jak sługa, co podawa talerz
        Wielmożnej Pani.

Dnia 3, 1869 roku (z talerzem)

TO MADAME M. ON HER WAY
TO BUY A PLATE

1

There are generations, and cities, and peoples,
      Sad and old –
That left us no great masterworks,
      But – a few pots!

2

In a museum a lady stands with a parasol
      Before such a pot;
While in Sicily (even though Polish! . . .), she doesn't know
      Upon whom she treads! . . .

3

When peoples – you've no pity about their fate
      In epoch's chasms –
Vanish – like the butler who serves the plate
      To the esteemed Madame.

Day 3, year 1869 (with a plate)

ROZEBRANA

(ballada)

I

Ani jej widzieć wieczorem, ni z rana,
     Bo rozebrana . . .
* *
Więc śpi zapewne! – niech raz rzekną szczerze
     Służebne panny,
Lub że, gdy wstawa i nim się ubierze,
     Używa wanny.

II

Tymczasem *szwaczek trzy* stoi z pudłami
     I *szewców sporo*,
Co, nic nie widząc, swymi domysłami
     Miary Jej biorą.

III

Tymczasem dzieci o rannej godzinie
     Gdzieś do szkól idą;
Oracz wywleka pług, i Wisła płynie,
     I Warta z Nidą.

IV

Błogi *jest pejzaż*, błoga woń poranna,
     Gdy wstają zorze –
Ale cóż, kiedy ona, rozebrana,
     Wyjrzeć nie może!

DISROBED

(*A ballad*)

I

Unseen in evening, nor in the morn,
> *For she's disrobed . . .*

* *

Asleep no doubt! – let her maids with frank words
> Give her snub,
Or, ere arising without clothes,
> She bathes in a tub.

II

Meanwhile with boxes stand *three seamstresses,*
> *And cobblers in droves,*
Who see nothing, yet with their *guesses*
> Size Her for robes.

III

Meanwhile children in the morning hour
> Head *somewhere* for school;
A tiller takes plow, rivers flow – Warta,
> Nida, and Vistula.

IV

Serene *the view,* serene the morning aroma,
> At glowing dawn –
A pity, because when disrobed,
> She can't glimpse it all!

V

Świat rzecze na to: „Niechże się ubierze
      Na trzy sposoby:
Zachodnio-wschodnio-pstre weźnie odzieże
      Lub – wór żałobny! . . ."

VI

To ja gdy słyszę, mam zdanie odmienne
      O Rozebranéj:
Wszakże niekryte jest, a tak promienne
      Łono Dyjanny!

VII

Akteon blednie blaskiem uderzony,
      Nie cofa psiarni trąb hałas;
Hyperborejski las drży przerażony,
      Jak wiotki trzesąc się szałas . . .

VIII

Gdy ona przecież bez zbroi – bez togi –
      Pełna powagi i krasy,
Pamiętna tylko, że po wszystkie czasy
      Tak – karzą Bogi!

1881

V

The world says thus: "Don your attire
      From the *threesome* stack:
In *Western-Eastern-motley* style
      Or – a mourning sack! . . ."

VI

Hearing this, I have a different view
      On the Disrobed's behest:
Unclad indeed, yet of what sheen and hue
      Is Diana's breast!

VII

Actaeon pales, struck by the light,
      No hounds retreat at trumpet's blare;
The Hyperborean forest shakes terrified,
      Like a shack trembling and frail . . .

VIII

Whilst she's unarmored – nor in Roman togs –
      Yet grave and lovely fine,
Yet ever mindful, that for all time
      This is – the punishment of Gods!

1881

SŁOWIANIN
DO TEOFILA LENARTOWICZA

Jak Słowianin, gdy brak mu naśladować kogo,
Duma, w szerokim polu, czekając na *siebie* –
Gdy z dala jadą kupcy gdzieś żelazną-drogą,
Drżą telegramy w drutach i balon na niebie;
Jak Słowianin, co chadzał już wszystkiemu w tropy,
Oczekiwa na *siebie-samego*, bez wiedzy –
Tak – bywa smętnym życie! . . . wieszczowie, koledzy,
Zacni szlachcice, Żydy, przekupnie i chłopy!

Tak jest i kamień także sterczący na miedzy,
Co sługiwał był w różnych szturmach na okopy;
Dziewanna żółta przy nim i mysz polna ruda –
On sterczy, wieść go zowie kością wielgo-luda
(Co sam sobie w jaśniejszą alegorię zamień!) –
Atoli nie wiadomo, czy to kość? czy kamień?

1882

A SLAV
TO TEOFIL LENARTOWICZ

Just as a Slav, lacking anyone to emulate,
Ponders, in vast pastures, and *his own self* awaits –
While far away, merchants trundle on iron rails,
Telegrams tremble on wires, a balloon in the skies:
Just as a Slav, having tracked all kinds,
Awaits his *own self*, of himself unaware –
So – sad one's life can be! . . . bards, friends,
August gentry, Jews, peddlers, and peasants!

So too is a stone, it too juts from a path,
And has served in trenches in various attacks;
Near it a yellow mullein and a rufous field mouse –
The stone juts out, word has it it's a giant's bone
(Which you're free to exchange for a more lucid allegory!) –
Still, one cannot tell, is it bone? Or a stone?

1882

NOTES ON A FEW POEMS

Page 13 VADE-MECUM was written in the years 1865 to 1866. It is a collection of one hundred poems, variously translated as "Come With Me" or "Follow Me." It is Norwid's most important work and groundbreaking in many ways. Here the poet expresses his need to invite his readers to contemplate with him his ideas on life, society, religious philosophy, as well as personal responsibility and ethics.

Page 65 THE LAST DESPOTISM (XCVI in the VADE-MECUM series). This poem might be erroneously construed as applying to the Polish state of affairs. This is not the case. It is placed in one of the Mediterranean countries and applies to politics in any society.

Page 69 CHOPIN'S GRAND PIANO is the penultimate poem in the VADE-MECUM series. It was written in reaction to an event that occurred in Warsaw when a battalion of the Russian army threw out the window all the treasured contents of the Zamoyski Palace, Chopin's piano among them. The young Chopin played this piano before he left Poland. The poem is an exposition of Norwid's views on Polish history and the national aesthetic. "Wheelwrights transfigured into kings" refers to the fact that the first royal dynasty, the Piasts, descended from wheelwrights. The "larch-wood manor" represents the lifestyle of the Polish gentry.

Page 79 MY SONG (I) was written in Florence in 1844, soon after Norwid left Poland. It is an expression of his distress when he heard that his fiancée in Poland had broken off their engagement. In the last stanza Norwid talks about "the Czarnolas matter." This phrase refers to Jan Kochanowski's (1530–1584) poetry. Jan Kochanowski of Czarnolas, Poland, was a Renaissance poet, best known as the author of *Laments*. The "Czarnolas matter" is poetry in a wider sense, but also stands for the simple but wise poetry represented by Kochanowski's creativity. As it happened, Norwid had visited Czarnolas shortly before his engagement.

Page 89 EPIGRAM II was written in 1851. Here Norwid shows his concerns about the problems of society as they manifest themselves in the world at large, not just in Poland. Norwid, a deeply religious Catholic, was disturbed during his stay in Paris by the deficiencies of the Church. The scholar Krzysztof Biliński observes: "In his assessments, Norwid treated the Church radically and uncompromisingly, as in the poems LARVA, NERVES, SOCIALISM [The last poem is not included in this collection. – Trans.], and especially the painful shortcoming that the clergy had to contend with. . . . The facetious EPIGRAM II is a moral diagnosis of the French society in the 1850s and, more broadly, of a man given to religious hypocrisy. Norwid observes how the stand of Jules Michelet, the French historian, shows courage by demonstrating his own independent opinions. He emphasizes the contrast between Michelet's stand and bigotry discernible in the Catholic Church. The poem combines the criticism of hypocritical Pharisaical morality with the necessity of accepting one's brethren, unequivocally stated in Christ's story of the Good Samaritan."

Page 91 TO BEM'S MEMORY – A FUNERAL RHAPSODY, written in 1851, shows that Norwid thought a great deal about the redemption of mankind. Although Józef Bem was a military man (in 1848, during the Spring of Nations, he fought for the liberation of Poland and Hungary from the occupying powers), the poet was interested in him as an idealist, promoting "scores of ideas."

Page 99 QUIDAM (of which an excerpt is offered in this collection) was written in 1855. It is a long, epic poem, which Norwid explains in a letter to his friend the poet Zygmunt Krasiński: "You must have noticed that I've called this work a parable, not a novel, and that is because I definitely wanted to avoid intrigue and dramatic themes specific to novels – that's not what I had in mind, but rather that which usually is a side issue which we glean from real novels. This is why the hero is just someone – some man – quidam! He doesn't undertake any action, he merely desires and searches for good and truth, as they say: he actually doesn't do anything – he suffers much, he is killed almost by accident, in a slaughterhouse!"

Norwid chose the reign of the Roman Emperor Hadrian as the setting for the poem because this emperor was relatively kind to Christians and his times were "the least dramatic." Although Quidam, the young man, was the son of Alexander of Epirus (272 BC) and the events take place much later, during Hadrian's reign (AD 117–138), the historical context is not relevant here. He is, above all, "quidam" – some man.

Page 113 TO CITIZEN JOHN BROWN was written in 1859. This poem may be a personal reaction to slavery in the United States which Norwid must surely have experienced during the days he spent in New York in the early 1850s. It also reflected the shock felt by and reacted to by all of Europe at the hanging of John Brown.

Page 117 YESTERDAY-AND-I was written in Paris in December of 1860. It has been interpreted numerous times as a poem with deeply religious connotations and biblical references. We also know from his works that Norwid was interested in China and her philosophy (Krzysztof A. Jeżewski). Of relevance here is Maciej Żukowski's (another Norwid scholar) interpretation of the poem. In his article in *Poezja*, 1971, he writes that this poem was created in Paris at a time of particular political strife between France and China, reported by the French press in Paris. France was celebrating a peace treaty with China that included a dubious commercial deal reached under pressure of France over the Chinese. It was sealed by robbing and burning the Treasury and the priceless Summer Palace of the Chinese emperors. The French naval artillery fired twenty-one salvos in celebration, in the Far East. Żukowski contends that Norwid wrote the poem as a result of having been deeply disturbed by these events as evidenced by: ". . . but they'll just say: "Ah, thunder! . . . So I dream and sense that history's tome turns marble-hard . . ." The line "In my ears a roar" refers to these disturbances as well as to Norwid's advancing deafness.

Page 125 AFTER THE BALL was written in 1862. Norwid was intrigued by the salons of Paris, the gatherings of eminent men of art and literature, as an aesthetic and psychological phenomenon. The scholar Kazimierz Wyka asserts: "In a certain number of Norwid's poems such as AFTER THE BALL, NERVES – one of the most famous where the salon appears as a contrast to a slum tenement house . . . the salon is for Norwid an important and specific point of reference, a point of gravity. The salon is a picture of boredom. . . . Its condemnation lies hidden in the lyrical hero's ironic identification with it in such 'salon' conversations as in MARI-ONETTES. For Norwid, the salon is beyond anything that happens, beyond time, beyond history, it is trapped in chaos and pretense."

Page 131 DISROBED or ROZEBRANA was written in 1881, partly as a result of Norwid's personal tragedy of being in exile from the Partitioned Poland. The poem has an erotic meaning but also refers to the Partitions – "three seamstresses . . . size Her for robes." In English there is no word for "rozebrana," which in Polish implies both disrobed and partitioned. Also, "to disrobe" means something done to or for oneself, in this instance something that Poland brought onto herself. Norwid is referring to what actually took place: the partitioning was the outcome of factiousness among the Polish ruling aristocracy, which led to the Partitions and hence, as Norwid says in the poem, engendered "the punishment of Gods."

archipelago books
is a not-for-profit literary press devoted to
promoting cross-cultural exchange through innovative
classic and contemporary international literature
www.archipelagobooks.org